@ 2019 Thomas Neumeister Macek

Herstellung und Verlag : BoD – Books on Demand,

Norderstedt

ISBN: 9783749421442

Inhaltsverzeichnis

Aus tiefster Finsternis

wird uns neues Licht geboren.

Aus größter Verwirrung

neue Klarheit.

Aus tiefer Trauer

neue Freude

und aus großer Angst

wächst neuer Mut.

In der Stille

erwarten wir das Heil..

Botschaft und Sinn des Advent.

für heute und für immer..

Wiener Christkindlmarkt

Tschinnbumm und Trara

Riesenrad und Ringelspiel

Glitzer und Glimmer

Falscher Schein

Und echter Kitsch.

Der Glanz ist Lüge,

leuchtet er noch so blendend.

Punsch in den Häferln

Und Punsch aus dem Magen

Massen von Menschen

drängend und schiebend

mit Reisebussen her gekarrt

Geruch alten Fettes

von massenhaft Würsten

und billigen Weines,

der teuer verkauft wird.

Die Vögel des Parks sind fortgeflogen

zu laut.

zu grell

zu schrill ist es ihnen.

Und de Plastikfratzen in den Bäumen

erschrecken sie.

Hier finden sie keine Ruh

nur die Angst der Menschen vor der Stille.

Wo ist Advent?

Wohl nicht in dem Lärm

wohl nicht in dem Trubel.

Wohl nicht in all dem stupiden Kommerz,

der aufgedrängt wird

und nicht in den Lacken von Erbrochenem

die die anliegenden Gassen säumen,

und die Wiesen des Parks.

Wo ist Advent?

Vielleicht woanders

vielleicht..

Denn man kann ihn nicht kaufen,

und auch nicht saufen,

den Advent.

man kann ihn nur leben.

Wer möchte das?

Vielleicht... Du?

Ein Licht ist nicht viel sagt man

wie kann denn ein Licht die dunkle Welt erleuchten

wie kann denn ein Licht Wärme bringen in die große

Kälte ?

und doch zünde ich es an, mein kleines Advent Licht,

entzünde mich selbst mit Hoffnung,

mit Glauben,

mit Liebe.

Es bringt ein Bisschen Licht in die dunkle Welt,

es bringt ein Bisschen Wärme in die große Kälte .

Und wenn auch Du ein Adventslicht wirst,

und Du

und Du

wenn alle Brüder und Schwestern auf Erden

Adventslichter werden,

wird die dunkle Welt licht

und die große Kälte schwindet.

Und dann

blicken wir alle einander an

und wissen

die Welt ist endlich so,

wie sie gemeint ist.

Am Krampustag

hab ich mich als Kind immer ein Bisserl gefürchtet.

Es könnt ja doch der Krampus kommen

obwohl ich eh fast immer brav war.

Doch kam dann eh der Nikolaus am Abend

und ich hab einen Zwetschkenkrampus bekommen.

Und der hat mir so gut gefallen,

dass ich ihn das ganze Jahr

nicht gegessen hab.

Das ist alles so lang her

und gar nimmer wichtig

alles verweht

aber an manchen Tagen,

da fällt es mir halt ein

wie es früher einmal war

und wie schnell

die Jahre verrinnen .

Vielleicht kauf ich mir heut einen,

einen richtigen Zwetschkenkrampus,

und denk zurück,

an damals

und fühl den Zauber

meines Kindheitsadvents

und ein Bisserl von der Leichtigkeit

und der Hoffnung von vergangenen Jahren.

Freude

So viel gibt es,

was Freude machen kann,

das muss nichts Großes sein,

da genügt ein Lächeln,

oder ein roter Luftballon,

der leicht ist

und schnell zerplatzt,

so wie das große Glück.

Das muss man halten

aber nicht zu fest,

damit es nicht erstickt,

und damit man es betrachten kann

und anlächeln

und sich freut,

solang es da ist.

Offene Fragen

Wem soll denn der Nikolaus heute

etwas bringen?

Essen für die Verhungernden im Jemen

Frieden für die Gejagten in Syrien,

Gerechtigkeit für die Unterdrückten in Afrika

Rettung für de Ertrinkenden m Mittelmeer

Hilfe für die, die aus Elend und Gefahr flüchten.

Menschlichkeit, für die,

die Gesetze erlassen,

Mut zum Widerstand für die,

die sie befolgen.

Freiheit und Lebensrecht

für die Tiere in den Nahrungsfabriken

und Reinheit für Erde, Luft und Wasser.

Das Geld der Reichen für die Armen

die Macht der Mächtigen

für die Ohnmächtigen,

Gesundung für die Leidenden.

Segen für die Welt

das alles wär so wichtig ,

ist so dringend gebraucht.

Der Nikolaus wird's aber heute nicht bringen.

Was bringen wir?

Friede

In den Straßen sind nur wenige Menschen,

weil die Leut beisammen sitzen

miteinander über schöne Dinge reden,

essen

lachen

singen.

Niemand hastet und hetzt.

Etwas Schnee fällt

es ist so ruhig..

aus den Fenstern der Häuser

fällt golden warmes Licht.

Es riecht nach Backwerk

und nach Tannenduft.

Ganz still ist es in der Stadt

und auf dem Land.

Nur den Wind hört man

und ab und zu

Weihnachtslieder aus den Häusern.

Die Geschäfte sind geschlossen;

niemand muss etwas kaufen;

die Menschen schenken einander

Wärme , Nähe, Aufmerksamkeit.

Die Armen bekommen zu essen

und etwas anzuziehen,

die Reichen machen ihnen

ein schönes Weihnachtsfest;

niemand muss frieren,

niemand muss hungern ,

niemand ist einsam,

niemand ist traurig .

Niemand in der ganzen Welt,

weil einer für den Andren sorgt

Die Waffen werden weggeworfen,

es ist das Fest des Friedens.

Die Menschen sehen einander an

und sie lächeln.

Das Licht ist in ihnen geboren,

das ewige Licht.

So ist Weihnachten,

oder etwa nicht?

Jeder Augenblick ein Wunder

Lasst uns Schönheit schaffen,

in jedem Moment des Daseins.

Dazu ist unser Leben da.

Schönheit,

Zartheit,

Gnade sei unser Weg.

Jeder Augenblick

gebiert ein Wunder,

wie eine zarte Fee

aus einem Blütenkelch.

Seien wir die Blüten,

aus der das Lebenswunder

in die Welt kommt.

Einkehr

An kalten, trüben Wintertagen

bin ich still für mich,

geh nicht gerne unter Menschen,

meide ihre Hast

und meide ihren Lärm

Ich lieb die Ruhe

lese

hör Musik

denke,

spüre,

schlafe viel und spreche wenig,

lass Sonnenträume

in mir ihre Lieder singen

und denk der Jugendwärme,

abgeschieden von der Welt.

Ich sammle Kräfte für die Zeit,

wenn die Schmetterlinge wieder tanzen

im warmen Sonnenlicht

und meine Seele Licht atmet

in Farbentanz

in Wasserspiel

und Vogelsang

Blicke

Wir gehen zur Krippe,

das Wunder zu sehen,

wir gehen zur Krippe,

aber nur, um

zu schauen,

vielleicht knien wir hin,

vielleicht beten wir,

dann gehen wir wieder

in unseren Tag.

Doch das Licht,

das für uns neu geboren ward,

nehmen wir nicht mit,

und wir erhellen unsere Welt

nicht mit ihm.

Wir müssten es tragen,

es ist uns zu schwer,

also bleibt die Welt dunkel,

und wir suchen immer wieder den Weg

zur Krippe hin ,

aber nur, um zu schauen.

Wir

Es ist kalt in der Welt;

und es wird kälter werden.

Daher müssen wir zusammenrücken,

als Brüder und als Schwestern.

dann wird uns wärmer werden

Und wenn der Sturmwind weht

dann halten wir einander an den Händen

als Brüder und als Schwestern

und der Wind wird uns nicht schaden.

Das Volk der Erde ist der Mensch,

egal, wo er geboren wurde

und wenn der Feind droht ,

dann stehen wir zusammen wie ein Wall

als Schwestern und als Brüder

und der Feind wird uns nicht besiegen.

Dann brechen seine Waffen

und eine neue Zeit hebt an

die Zeit der Freiheit

für uns alle

als Schwestern und als Brüder.

Die Gebete der Trauernden,

der Einsamen,

der Beladenen

werden von Engeln getragen,

weit empor ins ewige Licht!

Dort werden sie Sphärenmusik

die weit durch den Kosmos schallt.

Und irgendwann

werden die Gebete erhört

und wundersamer Trost

wird die Seelen derer erfüllen,

die jetzt voll Schmerzen

und voll Kummer sind.

Und die Lieder der Trauer

werden zu Chorälen des Jauchzens

und ihr Klang

wird die Schöpfung jubelnd durchbrausen

in alle Ewigkeit.

Gnade!

Jetzt ist wieder Zeit

das große Fest naht,

jetzt werden die Messer gewetzt

und die Fischnetze gewartet,

jetzt gehts ans große Schlachten!

Da werden Hälse durchschnitten,

Fische erschlagen

da wird in Blut gewatet,

da wird geschrien und gebangt

Die Angst geht um

der Schmerz und der Tod.

Die Kälber werden von den Müttern gerissen,

den Müttern wird ins Herz gestochen,

die Gänse schrei'n in ihrer Not,

Der Tod ist ein Schnitter, heißt es,

er hält Ernte.

Und am Heiligen Abend

sitzen wir um den Tisch,

die Gans schreit nicht mehr

der Karpfen ringt nicht mehr um Luft

und windet sich nicht mehr

unter den Schlägen der Schlächter.

Wir sahen nicht die Qual,

sahen nicht die Angst,

rochen nicht das Blut

hörten nicht den Todesschrei

unsere Hände sind rein

von Blut triefen die der anderen

Wir sitzen und essen,

und es schmeckt uns,

unsere, Münder sind voll Fett

und im Radio spielt man

"Stille Nacht, Heilige Nacht

ausruhen

Es ruht die Mutter,

es ruht das Kind

draußen weht der Wind.

Kyrie eleison,

Hier ist es warm und still,

der Weltlärm kommt nicht hierher.

Hier hört man keine Schmerzensschreie

und kein Kriegsgetös,

hier hüllt der Friede

Mutter und Kind liebevoll ein.

Draußen weht der Wind

Kyrie eleison.

Wir warten,

dass das Kind Erlösung bringe,

weil wir es nicht vermögen,

doch wie zart ist doch das Kind,

wie licht,

und wie zerbrechlich.

Werden wir seine Liebe weitertragen?

Und Licht bringen , mit ihm,

dieser Welt?

Oder werden wir es

wiederum ans Kreuz schlagen?

Draußen weht der Wind.

Kyrie eleison

Es ruht die Mutter

es ruht das Kind

sie werden beide bald,

so wie wir

in die Weltkälte gehen,

drum ruh dich aus,

göttliches Kind,

und sammle Kraft,

uns den neuen Weg zu zeigen

Draußen weht der Wind!

Kyrie eleison.

Schutzengel

Die Schutzengel,

sie mögen uns umgeben

uns begleiten

in die neue Zeit.

Wir werden sie brauchen,

ihre Wärme

ihre Leitung

ihre Stille,

ihre Zartheit.

Die Winde werden rau,

und sehr kalt werden

lassen wir uns von den Engeln

ins Vertrauen tragen.

Ganz leicht,

wie Kinderlachen.

Mensch

Und Gott beschloss,

Mensch werden zu wollen.

zu leben, wie Menschen,

zu lieben, wie Menschen,

zu leiden, wie Menschen,

Und er machte sich auf

Und ging hin zu Maria, der Jungfrau.

auf dass sie ihn

als Mensch unter Menschen gebäre.

Und es war ein strahlender Stern

der des Christus Geburt verkündete

in jener heiligen Nacht.

Und es machten sich auf die Hirten

und die Armen Betlehems

und gingen leise zum Stall

um das Wunder zu sehen,

das ihnen gegeben ward

ein Kind ward geboren,

das Weg uns zeigen sollte,

den Weg zur Heilung der Welt.

den Weg aus der Gier, dem Hass, der Verblendung,

den Weg zurück

in Gottes ewig liebendes Licht.

Und in jedem Kind

wird er wieder geboren,

und jeden Tag erneut in unseren Herzen

und in jedem Kind ruft er uns,

und jeden Tag erneut in unseren Herzen

immer wieder aufs neu

den Weg zu ihm zu gehen,

zu ihm in seine all- liebenden Arme.

Wir folgen dem Stern

hin zu der Krippe

um das Wunder zu sehen,

das uns gegeben ward.

Laudate Dominum

omnes gentes.

Hallelujah!

Die Kräfte der Natur

sie entzünden mir ein Licht im tiefen Wald,

damit den Weg ich finde

hinaus aus Menschengier -

und Menschenhass,

hinaus aus dieser Welt

des Mammon,

in der das Leben keine Würde hat.

Und ich will ihnen folgen

jenen Kräften des Geheimnisses,

und mich mit ihnen

im Freien verbinden,

durch sie neu werden ,

und wirklich

und auf dem Wind will ich

durch die dunklen Wälder reiten.

Das Licht zur Erde zu bringen,

in die Menschenfinsternis,

ward Maria schwanger,

und suchte einen Ort zu gebären

und klopfte an de Türen der Menschen,

doch verschlossen blieben die,

zu voll waren die Häuser

mit Trubel und Lärm,

da war kein Platz für sie,

Weiter zogen Maria und Josef,

zwischen Mauern und Grenzen

und ihre Not

erweichte die Menschen nicht,

denn das Licht wollten sie nicht,

denn Licht zu haben heißt,

neue Wege zu gehen,

und das war ihnen zu mühsam.

Und als die Nacht immer kälter wurde,

da fanden sie einen Stall

und Maria kam nieder,

das Licht ward neu geboren,

doch nur Wenige bemerkten es.

Heid in dar nochd

do kuman engaln

owe auf dr´ ead

und bringan

an himmlischn segn

fia uns

heid in dar weihnochd

und wir miassn nua

hihean wos uns sogn

und unsar heazz aufmochn

das da segn einekuman kaun.

mea miasad ma goa ned duan

owa

wea von uns

mochd des scho

Und am Morgen

erhoben sich die Menschen von ihren Lagern,

und alles war anders geworden über Nacht.

Sie sahen einander in die Augen

und sie waren einander nicht mehr fremd,

und sie sprachen eine Sprache zusammen

die des Herzens

Über Gräben und Grenzen

reichten sie einander die Hände.

Und die Welt atmete auf

es ward Friede auf Erden.

Die Schlachthäuser wurden geschlossen

und die Fabriken, die Gift erzeugten,

Es gab keine Waffen

und alles Leid fand ein Ende.

Das Gotteskind

segnete die Schöpfung erneut

und die Welt atmete auf

es ward Friede auf Erden

es ward der wahre Weihnachtstag!

An kalten Winterabenden

füttern die Zwerge

die Katzen im Wald

und die Vögel, die frieren

und alle anderen Tiere

damit sie auch wissen

dass Weihnachten ist

und der Heiland auch für sie

geboren wurde,

und das wunderbare Licht,

das ewig scheinende

auch für sie in Schönheit leuchtet.

Und wer das sehen kann,

steht schweigend und staunend

und warm wird es, auch im traurigsten Herzen.

Die Schneeprinzessin zieht durchs Land

bedeckt Häuser und Straßen

Felder und Wälder

mit ihrem weißen Kleid.

Große Stille

Erstarrung

Kälteklirren

die Erde schläft

unter dicken weißen Laken.

Und auf den vereisten Seen

tanzt die Schneeprinzessin

ihren Flockentanz

Stille

gesunden in Ruhe

Gottes Stimme in der Stille lauschen

Und still sein

still sein in der Stille

still sein und heilen

Abendfriede

Dunkelheit

Sternenflüstern

allein sein mit sich

und die Unfreundlichkeit der Welt

versinkt im Dunkel

So viele Schmerzen suchen Heilung

so viel Kummer möchte Trost

möge ihn die Nacht uns schenken

damit wir gesegnet

in einen bess'ren Morgen schlafen

Mit den Augen eines Kindes sehen,

Die Schönheiten

Die Wunder

auch die Schatten.

Mit den Ohren eines Kindes hören,

die Wahrheiten hinter den Phrasen

die Seele hinter der Stimme.

Mit der Sprache eines Kindes sprechen

klar

offen

ehrlich

und voll Herzenswärme.

Mit der Seele eines Kindes leben

An Märchen glauben,

mit Engeln sprechen können

und mit Zauberwesen.

Mit dem Herzen eines Kindes lieben

schutzlos

verletzlich

voll Vertrauen,

innig und ehrlich.

Licht

In aller Weltfinsternis

in aller Angst

und aller Wut

leuchtet uns

ein segnendes Licht.

Und den Menschen in der Dunkelheit

zeigt es den Weg aus den Verstrickungen

und zur Freiheit des Herzens.

Vergebung.

bereit sein zur Vergebung,

bereit sein zum Frieden

im Geben

und im Empfangen.

Vergebung heilt

Vergebung richtet uns auf

aus der Trauer

hin zu neuer Freude.

Nur bereit sein zur Versöhnung

mehr ist nicht nötig.

Stille Wege

Ich liebe sehr die stillen Wege,

die verlassen von den Anderen.

Die mich auch manchmal

ins Dunkle führen.

Die fern von Lärm

und weit von Raserei.

Die stillen Wege,

die mich zu mir selber führen,

durch meine Finsternis

hin zu meinem Licht.

Nur ein sanfter Engel ist's.

der mich geleitet,

mit sanftem liebevollem Blick..

Seine Hand

verheißt mir Seligkeit,

dieses heilige Licht,

aus dem wir kommen,

in das wir gehen,

das wir suchen,

die Quelle ist in uns..

Gottes Licht lebt tief in uns.

Lichtträger

Erleuchter

Lichtbringer sind wir.

Unsere Worte, unsere Berührungen

sind Segen

und Heil für die Welt.

Wenn wir

vertrauensvoll

an diese Quelle glauben

und sie nicht verdunkeln lassen,

von den Kräften der Hinderung.

Friede

Freude,

Erlöser der Schöpfung

das können wir sein,

so sind wir gemeint,

seit Anbeginn der Zeit

Tief in mir

da ist ein Ort,

an dem alle Kraft wohnt,

und an dem alle Freuden sind

und alles Glück..

Da blühen alle Blumen,

und klingen alle Melodien

und das Licht,

das an ihm leuchtet

erlöschet nicht in alle Ewigkeit.

In ihm liegt Gottes Macht

und wirken des Universums Mysterien .

DIE LIEBE ZU ALLEM LEBENDIGEN, IST DER HÖCHSTE DIENST AN GOTT

Und finde ich den Weg dahin

wird mir das ganze All zum Weihnachtswunder,

und ich wirke mit,

voll Engelskraft,

an der Welt Erlösung.

Immer bleibt das Leben leben.

Immer entsteht es neu aus allen Trümmern,

Immer wächst Hoffnung aus der Hoffnungslosigkeit

und immer wächst Freude aus dem Leiden,

Immer ist da eine Freundeshand

und immer auch ein liebend Herz.

Irgendwo in diesem weiten All

können wir frei und offen atmen,,

und uns einfach freuen, dass wir sind.

Und irgendwo finden alle Wunden Heilung.

Wir dürfen Vertrauen haben,

denn immer bleibt das Leben leben

Konsum

Volle Einkaufstaschen

Voll von Tand.

Warum?

Ahja Weihnachten kommt..

da wird gekauft,

da wird gehetzt

und wird gedrängt..

Doch was wir wirklich brauchen,

wer schenkt uns das?

Ein Lächeln im Menschengedränge,

einen Händedruck zur rechten Zeit?

Ein gutes Wort in all dem Lärm?

Einen Freund , der wahr ist,

und eine Schulter zum Anlehnen?

Oder eine warme Suppe, die uns wärmt?

Ein Ohr zum Zuhören?

Wärme des Herzens?

Liebe der Seele?

Das können wir schenken,

das kostet kein Geld,

das bringt niemandem Reichtum

aber Glück für uns alle.

In all dem Tand dieser Tage

dem Lärm,

der Ablenkung

und der prallgefüllten Leere,

suche ich das, was wirklich Wert besitzt .

Wir alle wissen ja, was das ist,

wir wissen, dass im falschen Glanz

der Märkte, kein Glück zu finden ist.

Wir wissen, dass der Advent die Zeit der Stille wäre,

Aber trotzdem..

trotzdem verlieren wir die wahren Kostbarkeiten..

Möchte mich besinnen,

darauf, was uns bleibt,

was uns wärmt in kalten Zeiten,

was Licht uns gibt in finsteren Tagen.

Möchte Advent erleben,

als wahre Ankunft neuen Lebens.

Und Weihnachten nur als Fest von Licht

von Frieden

und von Liebe.

Große Stille

Große Stille ist vonnöten.

Tiefe Ruhe,

Harren.

Wenn das Licht neu erstehen mag,

bereiten wir ihm sanft den Weg,

Wir brauchen es ja,

in unseren Herzen,

in unserer Seele

in unserer Welt.

In den Menschen, die rastlos hetzen,

und in denen, die hetzen lassen

In den Menschen, die trauern,

und in denen, die traurig machen.

die hungern,

und die hungern lassen,

in den Menschen , die in Kriegen leiden,

und in denen, die zu Kriegen rufen..

Komm ,Licht

Licht der Welt,

Seelenlicht,

Liebeslicht

Wir sind offen,

sind still

wir warten,

bitte, komm zu uns.

Ein Herz voll Frieden

Eines Tages, im Advent, sprach die himmlische Mutter zu

einem der Engel: " ich habe hier ein Herz voll Frieden. Nimm

es und schenke es einem der Menschen. Und vielleicht

kannst du mir etwas besonders Schönes von der Erde

mitbringen. .

Und der Engel nahm das Herz und flog zu dem Präsidenten

eines großen Staates. "Möchtest Du nicht ein Herz voll

Frieden haben?" " Oh, scher dich weg!" , rief der Präsident"

ich muss meinen Feind vernichten, der jenseits des Meeres

wohnt. . Friede schadet dem Staat!"

Da flog er zu den Führenden der Banken und Konzerne.

„Will jemand von Euch nicht ein Herz voll Frieden haben?" "

„Wozu? Wir brauchen Gewinnmaximierung, wir müssen

die Konkurrenten vernichten, wir müssen zusehen, dass die

Politiker das tun was wir wollen. Wir brauchen Sklaven und

Absatzgebiete, keinen Frieden; Friede schadet dem

Geschäft!"

Da flog der Engel zu den Führern der Gläubigen .

"Von denen wird doch einer Frieden wollen", dachte er. Was sollen wir mit Frieden?" , riefen sie.

Aber wir müssen doch zeigen, dass unser Gott der größte ist, müssen Regeln, Gebote und Verbote erfinden, und müssen die Ungläubigen vernichten. Geh weg, Friede schadet der Religion."

Die Hungernden in den verödeten Ländern waren zu schwach und zu traurig , den Frieden zu nehmen, und aus den Staaten, in denen die Kriege tobten, stiegen dunkle Geister auf, die den Engel vertrieben.

Er flog in eine große Stadt, doch die Leute wollten ihn gar nicht hören. „Geh uns aus dem Weg, wir haben keine Zeit, wir müssen einkaufen, es kommt Weihnachten, Friede schadet Weihnachten!"

Und das Gedränge in den Straßen war so groß, dass der

Engel fast zertreten worden wäre, hätte er nicht fliegen

können.

Traurig saß er auf einer kleinen Bank, da sah er durch ein

Fenster im Haus gegenüber, eine alte Frau in ihrem Bett

liegen.

„Möchtest du vielleicht ein Herz voll Frieden haben? ", fragte

er sie.

„Oh ja bitte, denn es geht ans Sterben,, ich bin ganz allein..

und ich habe große Angst".

Da lächelte der Engel sanft. „So gebe ich dir jetzt einen

friedlichen Tod" , flüsterte er ihr zu, und legte ihr das Herz

voll Frieden sanft in die Brust. Da lächelte die alte Frau und

ihr müdes , krankes Gesicht wurde jung und glatt.

„Danke" sagte sie leise, „vielen Dank, du lieber Engel"

Der Engel nahm sie in den Arm und hob sie auf und

brachte sie ins Licht zur himmlischen Mutter, und sanfter

Schnee fiel auf die Erde.

und manche Menschen dachten:

„jetzt ist irgendwo ein Wunder geschehen." Anderen war es

gleichgültig.

Oh heilige Zeit

Da die Menschen in der Dunkelheit

Dem Segen bringenden Licht

entgegen harren

Die Christenheit dem Heiland.

O heilige Zeit

Die die Menschen in die Stille führt

In sich selbst

Und auch zusammen in traulichem Kreise.

Oh heilige Zeit, die uns Frieden bringen will

Den solange ersehnten

Frieden in unseren Seelen

Frieden in der ganzen Welt.

Oh heilige Zeit

die uns die Herzen öffnen möchte

damit wir ihr Licht empfangen,

um es segensvoll aus uns strahlen zu lassen.

Überfluss

Überfüllte Regale

Zum Platzen voll

Käse und Wurst

Massenhaft Fleisch

Gemüse

Obst aus den fernsten Ländern

Viele Körbe voll

Und Süßigkeiten, meterhoch getürmt.

Es gibt wohl keinen Hunger in der Welt,

Bei diesem Überfluss,

Und keine Not.

Wer wird all das essen?

Und wer wird's zahlen?

Was nicht verkauft wird,

Wird vernichtet

Um die Preise nicht zu drücken

Die Hungernden verhungern weiter

Die Tiere starben umsonst den bitt'ren Martertod.

Was Leben erhält

Und Leben war

Ist uns nur Mist..

Achtsamkeit brächte Segen

Und Dankbarkeit für Nahrung.

Nahrung ist kein Wirtschaftsgut

Ein Geschenk des Kosmos ist sie,

um das Leben zu bewahren.

Für alle Menschen gäb's genug..

Wenn wir mehr Liebe hätten.

Besinnung

Einsame Abendwege

Gedanken

Erinnerungen.

Ist alles gesagt, was zu sagen war?

Sind alle Worte gesprochen?

Alle Lieder gesungen?

Waren meine Wege klar?

Wollte ich sie gehen?

Hab ich jemanden verletzt?

Mit Willen?

Ohne?

Wie viele Gelegenheiten

habe ich vertan?

Wiegen meine Fehler schwer?

Schwerer als das, was mir gelungen?

Was ist mir denn gelungen?

Wollte mein Bestes geben,

wie jeden Tag

wollte Freude bringen..,

wie jeden Tag..

Ohne Verletzung gehen

wie jeden Tag.

Manches gelang,

Manches.. ist zerbrochen.

Wie jeden Tag.

Der Wind weht kühl,

Die Farben des Tages sind verschwunden

Morgen kommt wohl ein neues Heute.

Werd ichs besser machen?

anders?

Richtig?

Ist das ein Träne an meinem Aug?

oder doch nur ein Regentropfen.

Kalt ist es heute...

Einladung

Ich lade sie ein in mein Leben

die Wunder,

Farben

Töne

Licht und Schönheit.

Ich lade sie ein in mein Leben

Freundschaft

Zartheit

Leichtigkeit und Anmut.

Ich möchte als dieser Wunder Teil,

Blütengleich durch die Tage wandern.

Ich lade ein

Hoffnung und Zuversicht

und Vertrauen in den Weltenlauf

und ich lade ein,

das größte aller heil'gen Wunder,

Liebe.

Vergebung

Wenn ich vergeben kann,

was andere mir angetan,

macht es mich leichter,

und auch sie.

Ich gebe die Schwere des Unrechts weg.

So wird sie mich nicht mehr drücken.

Und auch der Schmerz wird leichter.

Wenn ich vergeben kann,

was andere mir angetan,

mach ich mich freier

und die anderen auch.

Der Groll bindet mich nicht mehr an sie

und bindet sie nicht mehr an mich.

Wenn ich vergeben kann,

was andere mir angetan,

können neue Blumen blühen

auf den Stätten der Verwüstung

und der Wind weht wieder frei

Wenn ich vergeben kann,

was andere mir angetan,

kann auch ich Vergebung finden,

Für das Unrecht, das ich zugefügt

und Trost

auf den Wegen meiner Irre

Öffne mein Herz

Ich gebe mich

schenke mich

dem Heiligen um uns her.

Ich lasse mich ins Geben fallen

offen

weit

und weich.

Nicht haltend

nicht beharrend

nicht erheischend

Ich schenke mein Licht,

ich schenk meine Kraft

ich schenk meine Liebe.

Gebe, wie der Kosmos gibt,

Blicke,

Lächeln

Freundlichkeit

Wärme

Da Sein

so gut ich eben kann.

Gebe verjüngend verjüngt

Schenke Ruhe,

Stille

Andacht

und immer wieder

Liebe

so gut ich eben kann.

Träume

Wir werden nicht aufhören,

nach den Sternen zu greifen,

und wir werden sie erreichen,

wenn wir das wirklich wollen.

Und wir werden

glücklich sein

und frei

und so leicht,

daß unsere Seele

auf dem Mondlicht

durch die Nacht segeln kann.

Bitte um Schutz

Uns're Welt

braucht großen Schutz ,

denn da sind Mächte,

die ihr übel wollen,

Mutter des Himmels

Mutter der Erde

in Licht gehüllt.

Auf dem Mond reisest du,

mit Sternen umgürtet

und liebend besiegst du

die Kräfte des Dunkels,

Und dein Mantel aus Licht

umhüllt un'sre Furcht

und dein Mantel aus Licht

wärmt uns're Seelen,

die in der Weltkälte frieren,

Mutter der Gnaden

komm uns zu Hilfe

reich uns die Hand

liebreich und warm,

birg uns wie Kinder,

die ihre Heimat suchen

Mutter des Himmels

Mutter der Erde

Mutter Christi

Mutter des Menschen

birg uns in dir

und die Welt wird heil.

Es ist kalt in der Welt;

und es wird kälter werden.

Daher müssen wir zusammenrücken,

als Brüder und als Schwestern.

dann wird uns wärmer werden

Und wenn der Sturmwind weht

dann halten wir einander an den Händen

als Brüder und als Schwestern

und der Wind wird uns nicht schaden.

Das Volk der Erde ist der Mensch,

egal, wo er geboren wurde

und wenn der Feind droht ,
dann stehen wir zusammen wie ein Wall
als Schwestern und als Brüder
und der Feind wird uns nicht besiegen.

Dann brechen seine Waffen
und eine neue Zet hebt an
die Zeit der Freiheit
für uns alle

als Schwestern und als Brüder.

Gebete

Die Gebete der Trauernden,

der Einsamen,

der Beladenen

werden von Engeln getragen,

weit empor ins ewige Licht!

Dort werden sie Sphärenmusik

die weit durch den Kosmos schallt.

Und irgendwann

werden die Gebete erhört

und wundersamer Trost

wird die Seelen derer erfüllen,

die jetzt voll Schmerzen

und voll Kummer sind.

Und die Lieder der Trauer

werden zu Chorälen des Jauchzens

und ihr Klang

wird die Schöpfung jubelnd durchbrausen

in alle Ewigkeit.

Neu geboren

Der Winter

mit seiner Kälte

seiner Strenge,

seiner Dunkelheit,

seinen Geheimnissen,

rund um mich.

tief in mir,

bedeckt das Land

umhüllt die Seele

macht frieren,

macht bangen,

macht hoffen,

wird doch das Licht neu geboren,

aus der Finsternis

dunkelstem Grund.

Manche Last

drückt allzu hart

Manche Sorge

nimmt den Schlaf

Manche Angst

raubt uns die Ruhe,

mancher dunkle Traum,

zerbricht den Schlaf..

Warum soll ich denn alles tragen?

Warum jede Bürde nehmen?

ich nehme Hilfe an

und Unterstützung

ich gebe ab

ich will nicht mehr

belastet leben.

ich mach mich frei

von Druck

und von Beschwernis

Möchte frei und selig

durch mein Leben tanzen.

Und ich weiß,

ich weiß es sicher

dass Hilfe kommt,

wenn ich sie brauche.

Ich muss nur rufen,

aus der Tiefe meiner Seele

und in aller Hoffnung bitten,

so naht die Befreiung.

Und ich bin frei

und leicht

und engelgleich

in freier Luft

auf freien Höhen,

für

immer.

Stille Nacht

Es war eine stille, ungewöhnlich kalte Nacht.

Und auch sehr dunkel.

Die Hirten lagerten mit ihrer Herde von Schafen in der Nähe

einer Düne und hatten ein Feuer entzündet, um sich zu

wärmen; die Schafe waren eng zusammen gerückt.

Nur die Hunde streiften umher, und passten auf, damit

nicht ein Löwe käme um ein Schaf zu reißen, oder Diebe,

eines zu stehlen.

Eines der jüngsten Lämmer, das zudem ganz schwarz war,

und nicht weiß, wie die anderen, war sehr vorwitzig und

stakste neugierig zwischen den ruhenden Schafen umher.

So kam es in die Nähe der Hirten, de um das Feuer saßen ,

und denen langweilig war. Hunger hatten sie zudem auch.

Das schwarze Lamm hatte eine besondere Gabe, es konnte

die Sprache der Menschen verstehen, warum weiß ich nicht,

vielleicht, weil es schwarz war, anders, als die anderen

Schafe, und in dieser besonderen Nacht konnte es das sogar

besonders gut.

Daher konnte es hören , was die Hirten zueinander sagten.

"Ich habe Hunger!" , sagte der eine, "warum schlachten wir

nicht eines der Lämmer, das wird doch nicht auffallen!"

"Ohja, !", rief der andere Hirte" wir werden es über dem

Feuer braten Nehmen wir doch das merkwürdige Schwarze,

das uns immer so seltsam ansieht, als würde es uns

verstehen können."

Da wurde das Lamm von großer Angst erfasst und wußte

im Moment gar nicht, was es tun sollte.

Es rannte einfach los, ins Dunkel, von den Hunden

unbemerkt.

Immer weiter in die weite Wüstennacht.

Da wurde der Himmel plötzlich hell, strahlend, ein großer

Stern war zu sehen, mit feurigem Schweif.

Und das Lamm lief immerzu dem Stern nach, bis es zu

einem Stall kam..

Ochs und Esel waren drin, , ein Mann und eine Frau, und

ein kleines Kind, das auf Stroh lag

Die Frau lächelte es freundlich an, das kleine schwarze

Lamm, und das Kind zwinkerte ihm zu und sagte: " ich

grüße dich,, was machst du denn hier"?-"Ich habe Angst,

flüsterte das Lamm, "die Hirten wollen mich schlachten und

braten!"-"Na dann bleib hier bei mir"-lächelte der kleine

Bub. "ich bin auch ein Hirte, aber ich schlachte keine Schafe,

. Bei mir, kleines liebes Lamm, das so anders ist, als andere

Lämmer, kannst du sogar ewig glücklich leben!"

Da legte sich das schwarze Lamm glücklich und beruhigt zu

der Krippe des wundersamen Kindes.. Und es fühlte sich

sehr sehr sicher und behütet, und grinste ein wenig .

Und als die Hirten in den Stall kamen, die zuerst das Lamm

gesucht hatten, dann dem Stern gefolgt waren, sahen sie das

ruhig lächelnde Kind, das Lamm bei ihm , und sie fielen

stumm auf die Knie, und wussten gar nicht, warum.

Wandlung

Das Volk,

das im Finstern wandelt,

sieht ein großes Licht.

Ja

wir alle können es sehen

wir alle können es strahlen lassen

wir alle können die Mächte des Dunkels

siegreich erhellen.

Da müssen wir nicht warten,

auf irgendeinen Führer

auf irgendeinen , der von oben kommt

uns das Licht zu bringen.

Wir haben es ja selbst

tief in uns,

da lodert es

da glüht es

da wartet es,

hervorzutreten,

und die Welt

segnend zu verherrlichen.

Mut

Mut und Vertrauen brauchen wir

Vertrauen, dass wir das ewige Schöpfungshell

in uns bergen.

Es ist unsere Quelle,

unsere Mutter

und der Ozean,

in den wir wiederkehren.

Wir sind seine Hüter,

seine Träger

seine Boten.

Weihnachten kommt aus uns hervor,

oder ,

es kommt gar nicht.

Wiedergeburt

Auf Rosen gebettet, schlief das Mädchen, da es so müde war.

Es schlief so fest, dass es gar nicht merkte, wie die Stunden

verstrichen, .

Der Tag war sehr hart gewesen und kalt.

Es träumte, von einer Zeit, als es unbefangen spielen konnte

und tanzen - im Sonnenlicht.

Schön war das. Die Blumen hatten wundervoll geduftet, und

bunte Vögel hatten aus den Zweigen zauberhafte Lieder

gesungen. Und Fee hatten um sie herum gespielt.. mit der

hoheitsvollen Feenkönigin in der Mitte.

Doch dann kamen trübe, dunkle Wolken... und alles war

anders.

Die Tage wurden kalt, die Feen waren verschwunden, und

fremde , dunkle Gestalten waren um sie her.

Nur noch ein kleines Feuer gab Wärme und ein Bisschen

Licht.

Der Wald war dunkel, die Vögel verschwunden,

Nur im Schlaf fand das Mädchen Spuren des vergangenen

Glückes... nur im Traum die alten Gefährte seiner Seligkeit.

Manchmal ging es zu dem kleinen Teich, an dem sie oft

gespielt hatte, und beobachtete die Wellen..

Oder es setzte sich auf einen alten Baum und dachte an die

vergangenen farbenfrohen Zeiten.

In einer besonderen Winternacht schien der Mond plötzlich

viel heller, als sonst.

Und es war ihr, als senke er sich herab, und eine

wunderschöne Frau stand vor ihr . von langen Flügeln

umhüllt.. .und in der Hand hatte sie eine seltsam

schimmernde Kugel.

"Bist du der Tod" fragte das Mädchen-"Nein," , antwortet

die Frau, "ich bin das Leben. Es ist so dunkel , und du bist

so traurig, dass du mich gar nicht erkennen kannst.

Heute ist eine besondere Nacht- Die Wiedergeburt des

Lichtes wird gefeiert, die Wiedergeburt des Lebens und der

Freude. Wenn du dich mir, dem Leben, anvertraust, dann

kann ich dich wieder dorthin führen, wo die Welt bunt und

schön für dich ist. Vertraue mir, vertraue dem Leben."

Und sie reichte dem Mädchen ihre Hand, stieg empor, und

flog mit ihr weit , weit ins wunderbar schimmerndes Licht,

weit hinein in die Freuden des Lebens.

ES ist Zeit

Ich atme tief

ins Winterdunkel.

Die Erde schläft

zieht sich zurück

in ihre eigene Wärme

Die Seen liegen starr im Eise.

Die Wälder sind winterstill,

nur Krähen hörst du

und das Knirschen des Schnees

unter deinen Tritten.

Heilige Nächte

heilende Träume.

Weg ins Dunkel ,

und das Licht zu finden,

Zeit der Trauer

um sie loszulassen.

Zeit des Sterbens,

um ans Leben zu glauben.

Zeit, zusammen zu stehen

um der Kälte zu trotzen.

Stille.

gar nichts sagen

einfach still sein.

Ich muss nicht über alles reden

muss nicht alles hören

muss nicht über alles nachdenken.

Stille

das Schweigen wirkt

wirkt oft mehr als Worte,

Worte verhallen oft im Leeren

im Unverständnis

oder auch

im Nicht Verstehen Wollen -

Stille

die Zeit läuft weiter

wir schauen zu

die Welt ändert sich

vermutlich.

Wir werden ja vielleicht

gar nicht gehört

im Lärm von so viel Neuem.

Stille

wo Worte nichts bewirken,

wird das Schweigen gehört,

womöglich..

Winterdunkel

Nebelwege

Suchen

Tasten

Hoffen,

Warten auf das Licht.

Das uns scheinen und

uns die Wege leuchten soll

Warten auf das Neue

Schöne

Reine

Der Erlösung harren.

Für eine neue Menschheit

die frei im Licht atmen kann

die zusammen steht

Hand in Hand

Herz an Herz,

die Freiheit bringt

und Freiheit lebt!

Die gibt

und geben lässt,

und teilt,

achtsam

und voll Liebe.

Ewige Weihnacht der Menschheit.

Geben

aus der Fülle des Herzens.

Geben

aus der Schönheit der Seele.

Eine Blume

einen kleinen Stein

ein Wort

eine Geste

ein Lächeln.

Ein Da Sein,

Zeit.

Oh schönste Weihnachtszeit,

in der Menschen

sich und aus sich geben.

in Stille und in Nähe

und in Liebe.